Impressum
Verlag: BABADADA GmbH, Nedderfeld 112 , 22529 Hamburg
Geschäftsführer / Verlagsleitung: Harald Hof
Druck: Books on Demand GmbH, In de Tarpen 42, 22848 Norderstedt

Imprint
Publisher: BABADADA GmbH, Nedderfeld 112 , 22529 Hamburg, Germany
Managing Director / Publishing direction: Harald Hof
Print: Books on Demand GmbH, In de Tarpen 42, 22848 Norderstedt, Germany

Šola

sekolah

Razred
bilik darjah

Deljenje
bahagi

$186/2$

Tabla
papan

Šolsko dvorišče
laman/taman sekolah

Učitelj
guru

Papir
kertas

Pisati
tulis

Pisalo
pen

Pisalna miza
meja

Ravnilo
pembaris

Knjiga
buku

Učenec
murid

Šolska torba

beg galas

Peresnica

kotak pensel

Svinčnik

pensel

Šilček

pengasah pensel

Radirka

pemadam

Risalni blok

kertas lukisan

Risba

melukis

Čopič

berus lukis

Vodene barvice

kotak warna

Škarje

gunting

Lepilo

gam

Zvezek

buku latihan

Domača naloga

kerja rumah

Število

nombor

Seštevanje

tambah

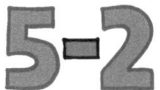

Odštevanje

tolak

Množenje

darab

Računanje

kira

Črka

huruf

Abeceda

abjad

Beseda

kata

Besedilo

teks

Brati

baca

Kreda

kapur

Učna ura

pelajaran

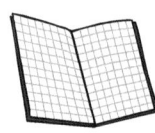

Redovalnica

daftar

Preizkus znanja

peperiksaan

Spričevalo

sijil

Šolska uniforma

uniform sekolah

Izobrazba

pendidikan

Enciklopedija

ensiklopedia

Univerza

universiti

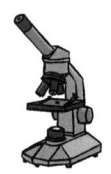

Mikroskop

mikroskop

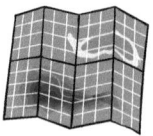

Zemljevid

peta

Koš za smeti

bakul sampah

Potovanje
berjalan

Hotel
hotel
Grand
Hostel
asrama
ROOMS
EXCHANGE
Menjalnica
pejabat tukaran mata wang
Kovček
beg pakaian
Avtomobil
kereta

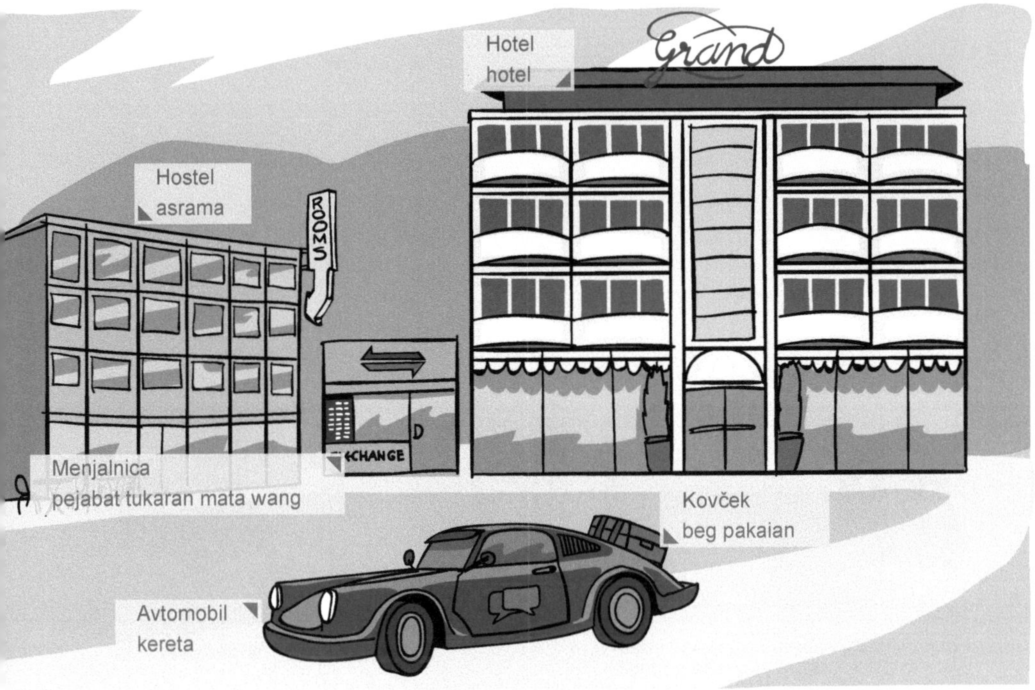

Jezik

bahasa

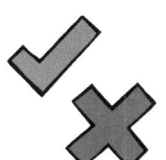

da / ne

ya / tidak

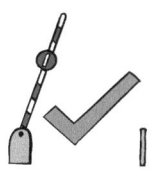

Prav

okey

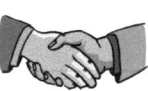

Pozdravljeni

helo

Prevajalec

penterjemah

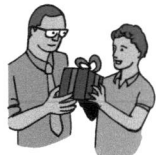

Hvala

Terima kasih

Koliko stane…?

berapa banyak…?

Ne razumem

saya tidak faham

Težava

masalah

Dober večer!

Selamat petang!

Dobro jutro!

Selamat Pagi!

Lahko noč!

Selamat Malam!

Nasvidenje

selamat tinggal

Smer

arah

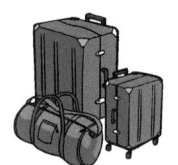

Prtljaga

bagasi

Torba

beg

Nahrbtnik

beg galas

Gost

tetamu

Soba

bilik tidur

Spalna vreča

beg tidur

Šotor

khemah

Turistične informacije

maklumat pelancong

Plaža

pantai

Kreditna kartica

kad kredit

Zajtrk

sarapan

Kosilo

makan tengah hari

Večerja

makan malam

Vozovnica

tiket

Dvigalo

lif

Znamka

setem

Meja

sempadan

Carina

kastam

Veleposlaništvo

kedutaan

Vizum

visa

Potni list

pasport

Prevoz

pengangkutan

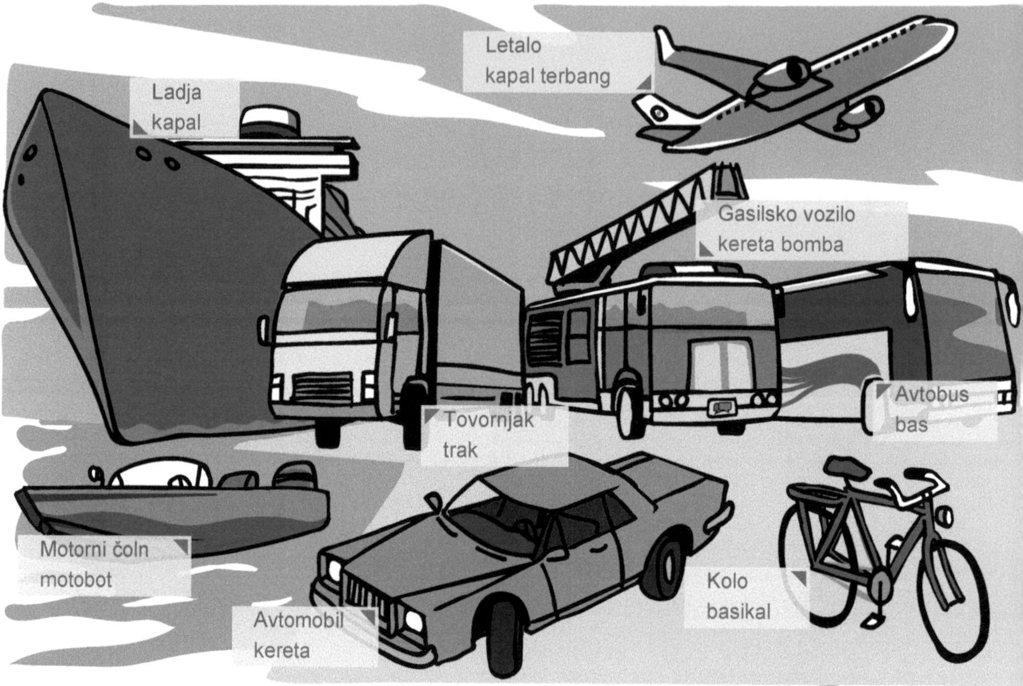
Letalo
kapal terbang
Ladja
kapal
Gasilsko vozilo
kereta bomba
Avtobus
bas
Tovornjak
trak
Motorni čoln
motobot
Kolo
basikal
Avtomobil
kereta

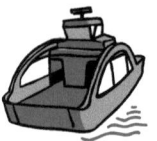

Trajekt

feri

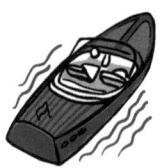

Čoln

bot

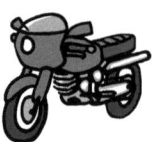

Motorno kolo

motosikal

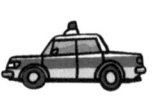

Policijski avto

kereta polis

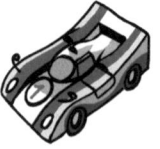

Dirkalni avto

kereta lumba

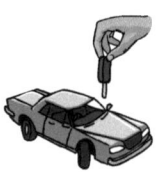

Najeto vozilo

kereta sewa

Souporaba avtomobila

berkongsi kereta

Avtovleka

trak tunda

Smetarsko vozilo

trak menolak

Motor

motor

Gorivo

bahan api

Bencinska postaja

stesen minyak

Prometni znak

tanda trafik

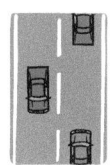

Promet

trafik

Zastoj

kesesakan lalu lintas

Parkirišče

tempat parkir

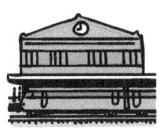

Železniška postaja

stesen kereta api

Tirnice

trek

Vlak

kereta api

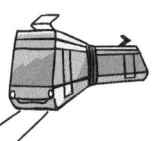

Tramvaj

trem

Vagon

gerabak

Helikopter

helikopter

Letališče

lapangan terbang

Stolp

Menara

Potnik

penumpang

Kontejner

bekas

Karton

kadbod

Voziček

kart

Košara

bakul

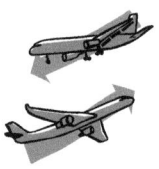

vzleteti / pristati

berlepas / mendarat

Mesto

bandar

Vas

kampung

Mestno jedro

pusat bandar

Hiša

rumah

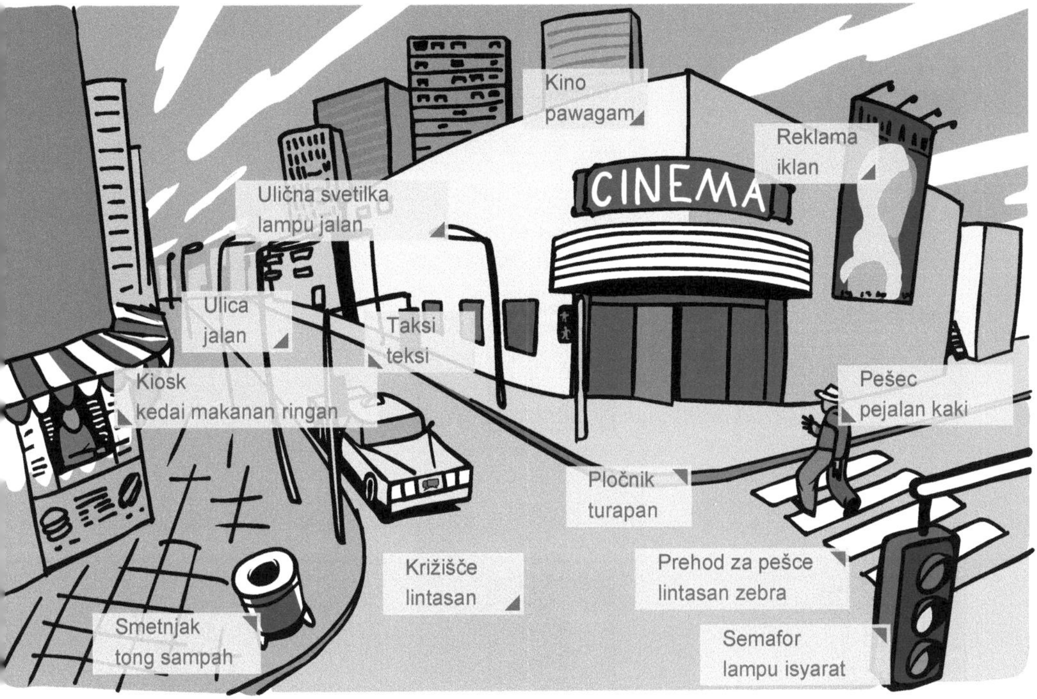

Kino
pawagam

Reklama
iklan

Ulična svetilka
lampu jalan

CINEMA

Ulica
jalan

Taksi
teksi

Pešec
pejalan kaki

Kiosk
kedai makanan ringan

Pločnik
turapan

Križišče
lintasan

Prehod za pešce
lintasan zebra

Smetnjak
tong sampah

Semafor
lampu isyarat

Koča

pondok

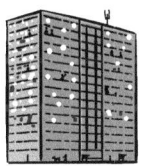

Stanovanje

flat

Železniška postaja

stesen kereta api

Mestna hiša

dewan bandar

Muzej

muzium

Šola

sekolah

Univerza

universiti

Banka

bank

Bolnišnica

hospital

Hotel

hotel

Lekarna

farmasi

Pisarna

pejabat

Knjigarna

kedai buku

Trgovina

kedai

Cvetličarna

kedai bunga

Supermarket

pasar raya

Tržnica

pasaran

Veleblagovnica

gedung

Ribarnica

penjual ikan

Nakupovalno središče

pusat membeli-belah

Pristanišče

pelabuhan

Park
....
taman

Klop
....
bangku

Most
....
jambatan

Stopnice
....
tangga

Podzemna železnica
....
bawah tanah

Predor
....
terowong

Avtobusno postajališče
....
hentian bas

Bar
....
bar

Restavracija
....
restoran

Poštni nabiralnik
....
peti surat

Ulična tabla
....
papan tanda jalan

Parkirna ura
....
meter parkir

Živalski vrt
....
zoo

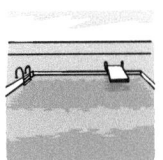

Kopališče
....
kolam renang

Mošeja
....
masjid

Kmetija
ladang

Onesnaževanje
pencemaran

Pokopališče
tanah perkuburan

Cerkev
gereja

Otroško igrišče
taman permainan

Tempelj
kuil

Pokrajina
landskap

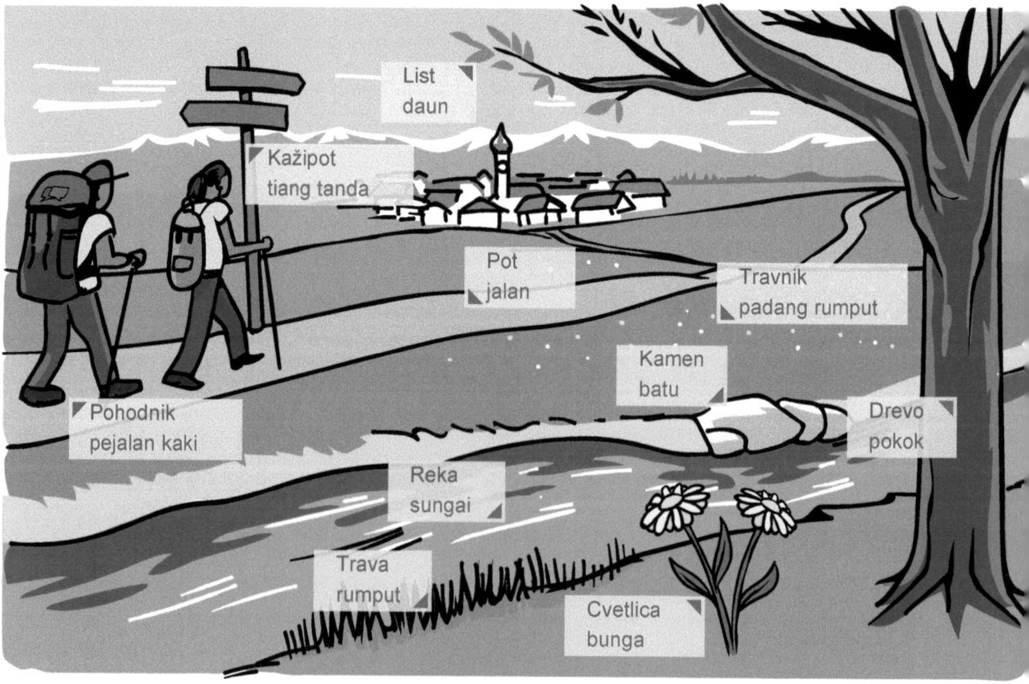

List
daun

Kažipot
tiang tanda

Pot
jalan

Travnik
padang rumput

Kamen
batu

Pohodnik
pejalan kaki

Drevo
pokok

Reka
sungai

Trava
rumput

Cvetlica
bunga

Dolina

lembah

Hrib

bukit

Jezero

tasik

Gozd

hutan

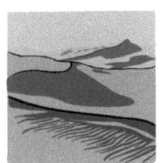

Puščava

padang pasir

Vulkan

gunung berapi

Grad

istana

Mavrica

pelangi

Goba

cendawan

Palma

pokok kelapa sawit

Komar

nyamuk

Muha

terbang

Mravlja

semut

Čebela

lebah

Pajek

labah-labah

Hrošč

kumbang

Žaba

katak

Veverica

tupai

Jež

landak

Zajec

arnab

Sova

burung hantu

Ptič

burung

Labod

angsa

Divji prašič

babi jantan

Jelen

rusa

Los

moose

Jez

empangan

Vetrnica

turbin angin

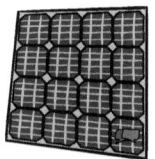

Solarna plošča

panel solar

Podnebje

iklim

Restavracija
restoran

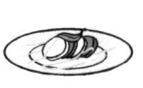

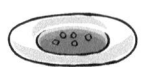

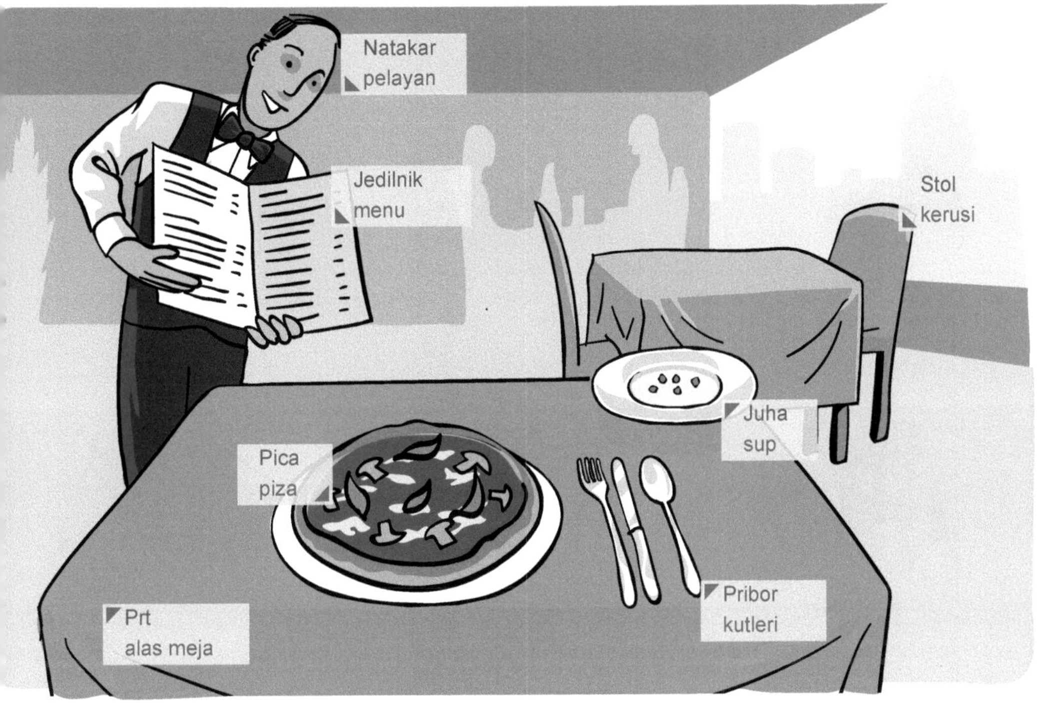
Natakar
pelayan
Jedilnik
menu
Stol
kerusi
Juha
sup
Pica
piza
Pribor
kutleri
Prt
alas meja

Predjed

pemula

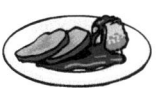

Glavna jed

hidangan utama

Sladica

pencuci mulut

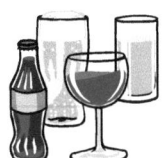

Pijače

minuman

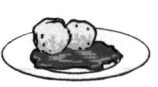

Hrana

makanan

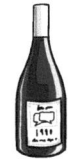

Steklenica

botol

Hitra hrana

makanan segera

Ulična hrana

makanan jalanan

Čajnik

teko

Sladkornica

mangkuk gula

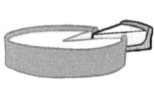

Porcija

bahagian

Aparat za espresso

mesin espreso

Stolček za hranjenje

kerusi tinggi

Račun

bil

Pladenj

dulang

Nož

pisau

Vilica

garfu

Žlica

sudu

Čajna žlička

sudu teh

Servieta

serviette

Kozarec

gelas

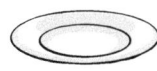

Krožnik

pinggan

Globoki krožnik

mangkuk sup

Krožniček

piring

Omaka

sos

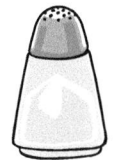

Solnica

tempat garam

Mlinček za poper

pengisar lada

Kis

cuka

Olje

minyak

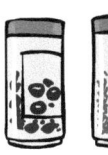

Začimbe

rempah

Kečap

sos

Gorčica

mustard

Majoneza

mayones

Supermarket

pasar raya

Posebna ponudba
tawaran istimewa
FOR
Stranka
pelanggan
Mlečni izdelki
tenusu
Sadje
buah-buahan
Nakupovalni voziček
troli

BUTCHERS

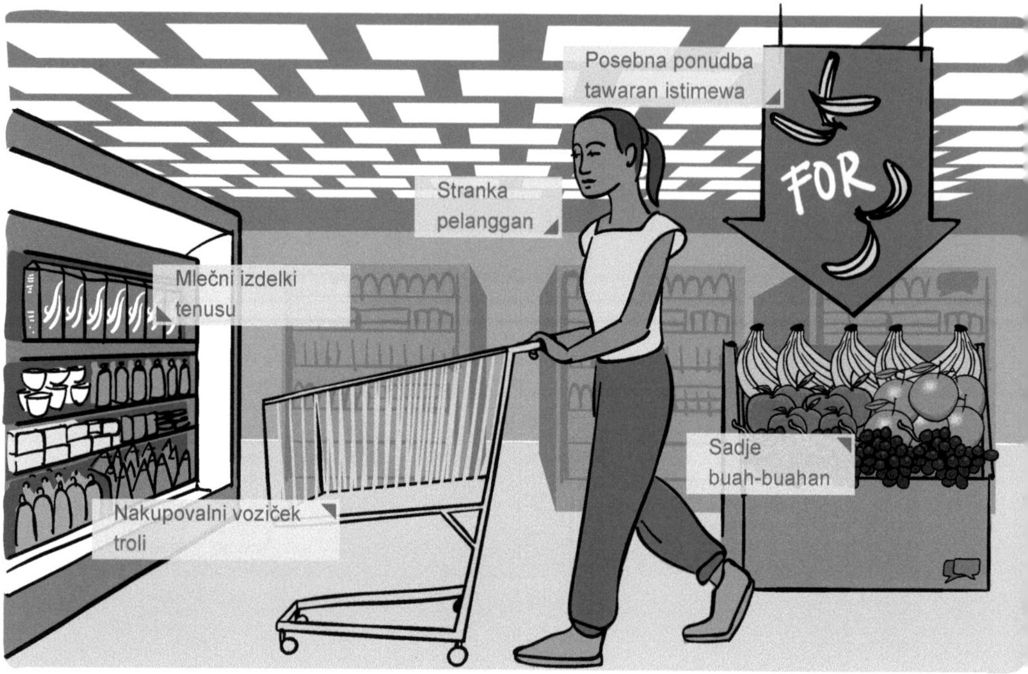

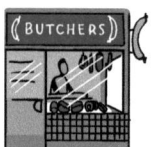

Mesnica

tukang daging

BAKERY

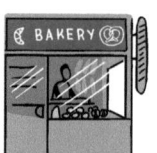

Pekarna

kedai roti

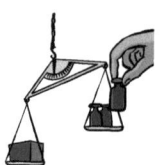

Tehtati

berat

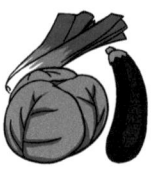

Zelenjava

sayur-sayuran

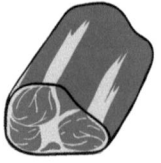

Meso

daging

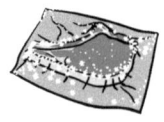

Zamrznjena hrana

makanan sejuk beku

Hladne mesnine

daging sejuk

Konzerve

makanan dalam tin

Pralni prašek

serbuk pencuci

Sladkarije

gula-gula

Gospodinjski izdelki

produk isi rumah

Čistilno sredstvo

produk pembersihan

Prodajalka

orang jualan

Blagajna

daftar tunai

Blagajnik

juruwang

Nakupovalni seznam

senarai membeli-belah

Delovni čas

waktu pembukaan

Denarnica

beg duit

Kreditna kartica

kad kredit

Torba

beg

Plastična vrečka

beg plastik

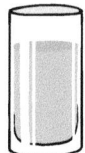

Voda

air

Sok

jus

Mleko

susu

Kola

kola

Vino

wain

Pivo

bir

Alkohol

alkohol

Kakav

koko

Čaj

the

Kava

kopi

Espresso

espreso

Kapučino

kapucino

Banana

pisang

Jabolko

epal

Pomaranča

oren

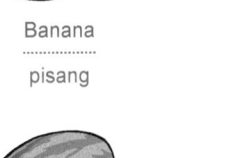

Lubenica

tembikai

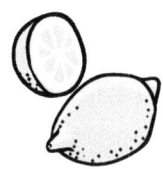

Limona

lemon

Korenje

lobak merah

Česen

bawang putih

Bambus

buluh

Čebula

bawang

Goba

cendawan

Oreščki

kacang

Rezanci

mi

Špageti

spageti

Riž

nasi

Solata

salad

Ocvrt krompirček

kerepek

Pečen krompir

kentang goreng

Pica

piza

Hamburger

hamburger

Sendvič

sandwic

Zrezek

kutlet

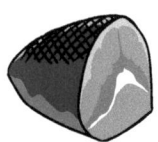

Šunka

ham

Salama

salami

Klobasa

sosej

Piščanec

ayam

Pečenka

panggang

Riba

ikan

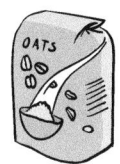

Ovseni kosmiči

bubur oat

Musli

muesli

Koruzni kosmiči

emping jagung

Moka

tepung

Rogljiček

kroisan

Žemlja

roti roll

Kruh

roti

Prepečenec

roti bakar

Piškoti

biskut

Maslo

mentega

Skuta

dadih

Torta

kek

Jajce

telur

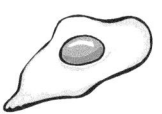

Pečeno jajce na oko

telur goreng

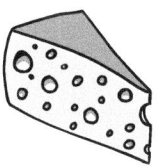

Sir

keju

Sladoled

ais krim

Sladkor

gula

Med

madu

Marmelada

jem

Čokoladni namaz

krim nougat

Kari

kari

Kmetija
ladang

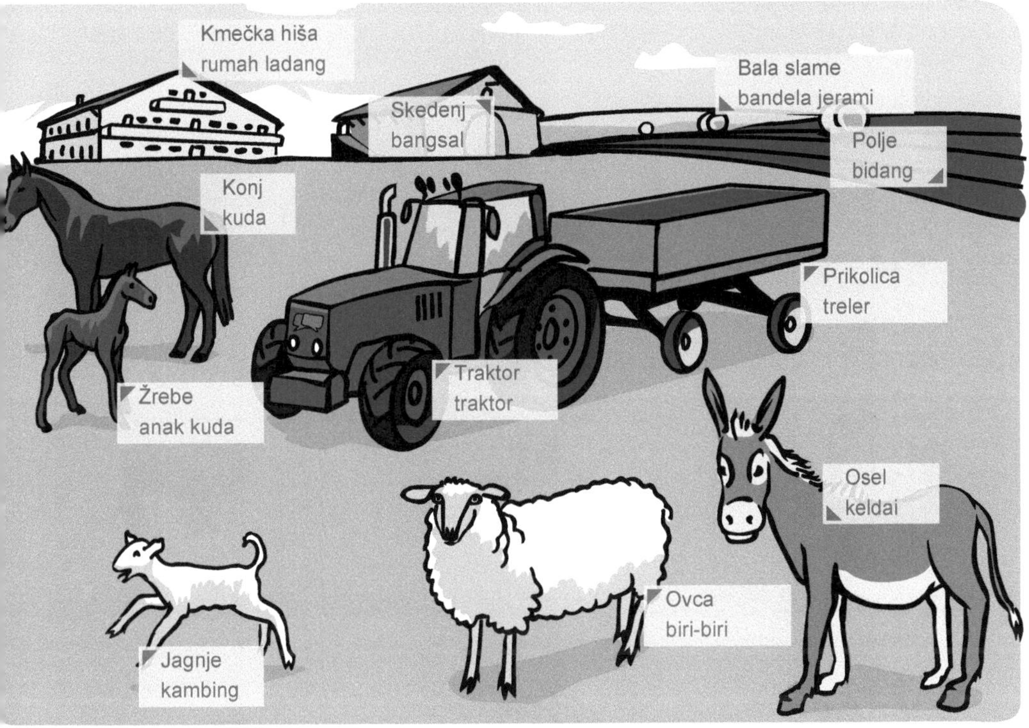
Kmečka hiša
rumah ladang
Skedenj
bangsal
Bala slame
bandela jerami
Polje
bidang
Konj
kuda
Prikolica
treler
Traktor
traktor
Žrebe
anak kuda
Osel
keldai
Ovca
biri-biri
Jagnje
kambing

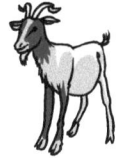

Koza

kambing

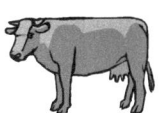

Krava

lembu

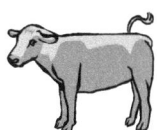

Tele

anak lembu

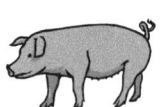

Prašič

babi

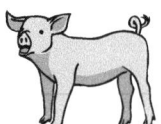

Pujsek

anak babi

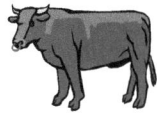

Bik

lembu

Gos

angsa

Raca

itik

Piščanec

anak ayam

Kokoš

ayam betina

Petelin

ayam jantan muda

Podgana

tikus

Mačka

kucing

Miš

tikus

Vol

lembu jantan

Pes

anjing

Pasja uta

rumah anjing

Cev za zalivanje

hos taman

Kangla za zalivanje

bekas siraman

Kosa

sabit

Plug

bajak

Srp

sabit

Motika

cangkul

Vile

serampang peladang

Sekira

kapak

Samokolnica

kereta sorong

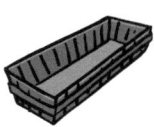

Korito

palung

Kangla za mleko

tin susu

Vreča

karung

Ograja

pagar

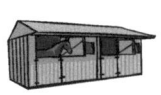

Hlev

stabil

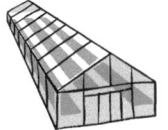

Rastlinjak

rumah hijau

Prst

tanah

Seme

benih

Gnojilo

baja

Kombajn

jentuai

Žeti
....
tuai

Žetev
....
menuai

Jam
....
keladi

Pšenica
....
gandum

Soja
....
soya

Krompir
....
kentang

Koruza
....
jagung

Oljna ogrščica
....
biji sawi

Sadno drevo
....
pokok buah-buahan

Maniok
....
ubi kayu

Žito
....
bijirin

Hiša
rumah

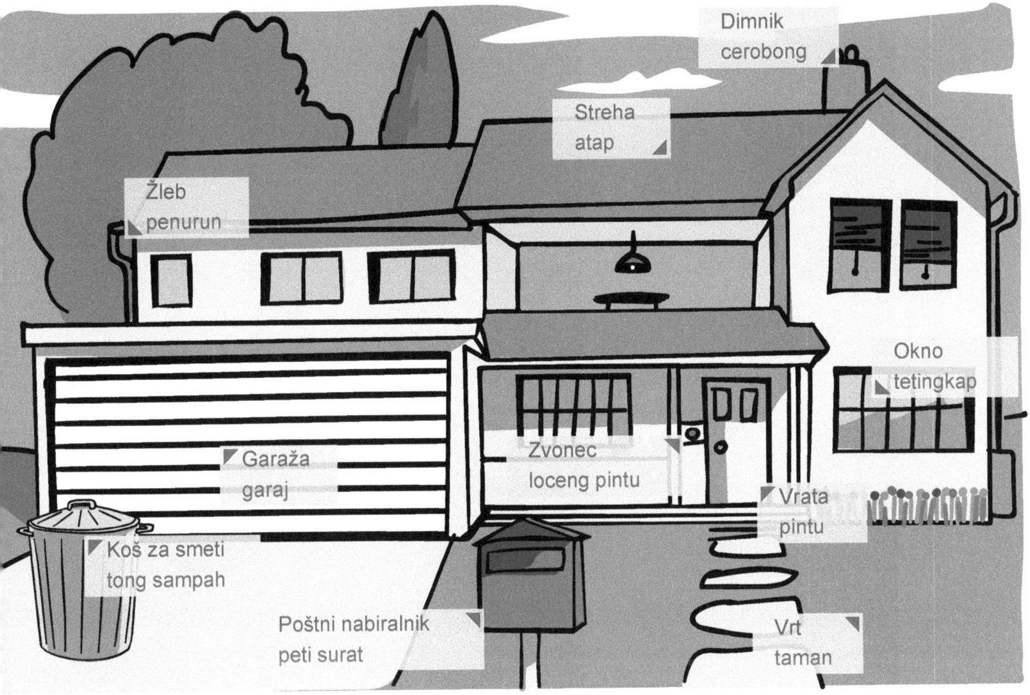
Dimnik
cerobong
Streha
atap
Žleb
penurun
Okno
tetingkap
Garaža
garaj
Zvonec
loceng pintu
Vrata
pintu
Koš za smeti
tong sampah
Poštni nabiralnik
peti surat
Vrt
taman

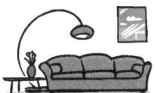

Dnevna soba

ruang tamu

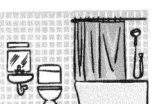

Kopalnica

bilik air

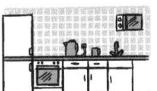

Kuhinja

dapur

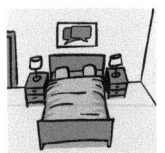

Spalnica

bilik tidur

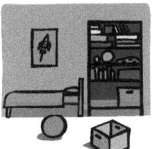

Otroška soba

bilik kanak-kanak

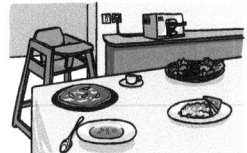

Jedilnica

ruang makan

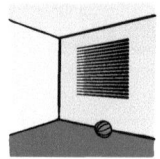

Tla

lantai

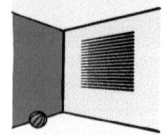

Stena

dinding

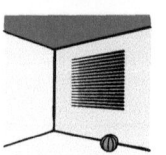

Strop

siling

Klet

bilik bawah tanah

Savna

sauna

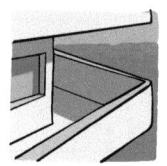

Balkon

balkoni

Terasa

teres

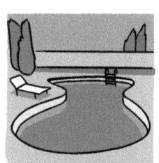

Bazen

kolam renang

Kosilnica

pemotong rumput

Rjuha

lembaran

Posteljno pregrinjalo

penutup tilam

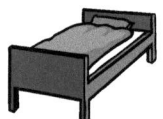

Postelja

katil

Metla

penyapu

Vedro

timba

Stikalo

suis

Dnevna soba

ruang tamu

Tapeta
kertas dinding
Slika
gambar
Svetilka
lampu
Polica
rak
Omara
kabinet
Televizor
televisyen
Kamin
pendiangan
Cvetlica
bunga
Blazina
kusyen
Zofa
sofa
Vaza
pasu
Daljinski upravljalnik
alat kawalan jauh

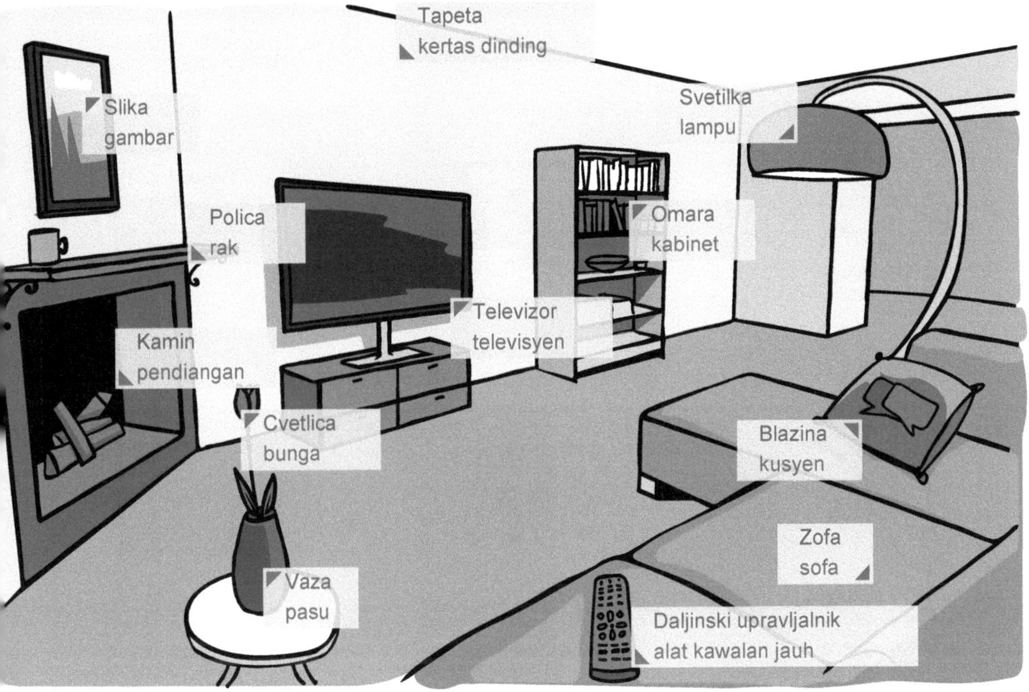

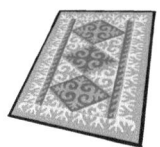

Preproga

permaidani

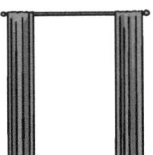

Zavesa

tirai

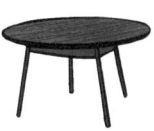

Miza

meja

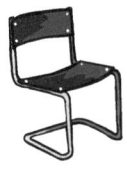

Stol

kerusi

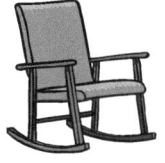

Gugalnik

kerusi malas

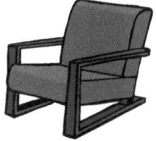

Naslanjač

kerusi

Knjiga

buku

Odeja

selimut

Dekoracija

hiasan

Drva

kayu api

Film

filem

Glasbeni stolp

hi-fi

Ključ

kunci

Časopis

akhbar

Slika

lukisan

Plakat

poster

Radio

radio

Beležka

buku catatan

Sesalnik

penyedut habuk

Kaktus

kaktus

Sveča

lilin

Kuhinja
dapur

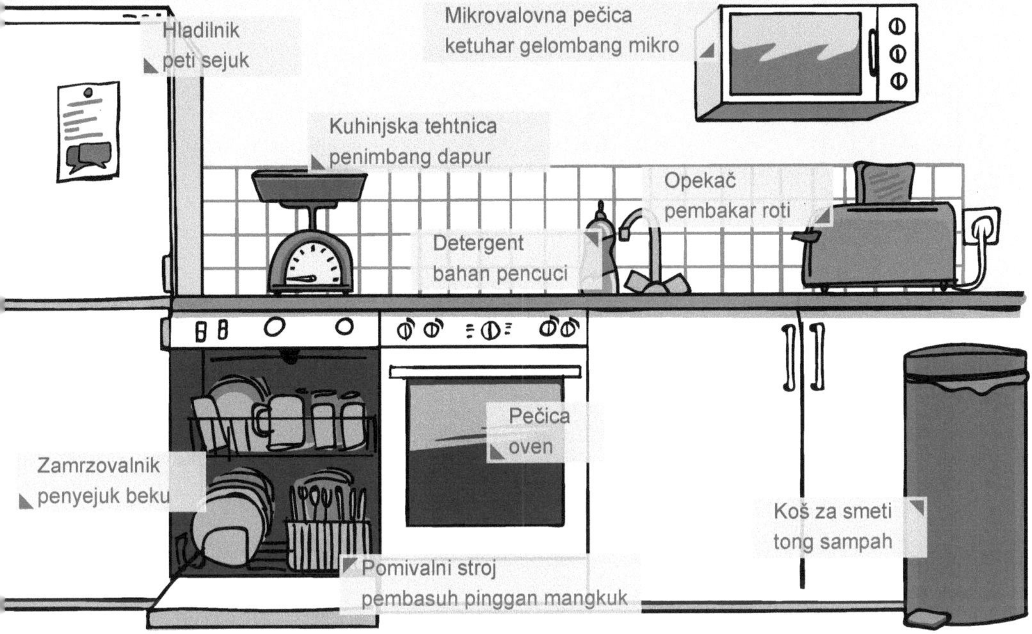

Hladilnik
peti sejuk
Mikrovalovna pečica
ketuhar gelombang mikro
Kuhinjska tehtnica
penimbang dapur
Opekač
pembakar roti
Detergent
bahan pencuci
Pečica
oven
Zamrzovalnik
penyejuk beku
Koš za smeti
tong sampah
Pomivalni stroj
pembasuh pinggan mangkuk

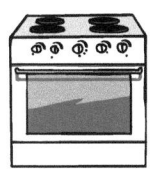

Kozica

periuk dapur

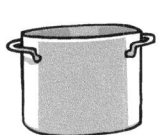

Lonec

periuk

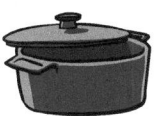

Litoželezni lonec

periuk besi

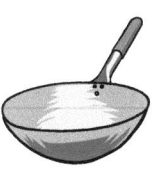

Vok / kadai

kuali

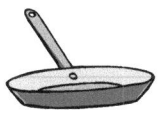

Ponev

pan

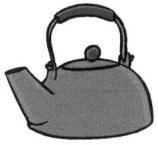

Kotliček

cerek

Parni kuhalnik

pengukus

Pekač

dulang pembakar

Posoda

pinggan mangkuk

Skodelica

koleh

Skleda

mangkuk

Jedilne paličice

penyepit

Zajemalka

senduk

Lopatica

spatula

Metlica

pengadun

Cedilnik

penapis

Cedilo

ayak

Strgalo

pemarut

Možnar

mortar

Žar

barbeku

Ognjišče

pembakaran terbuka

Deska za rezanje

papan pencincang

Valjar

pin golekan

Odpirač za steklenice

skru gabus

Pločevinka

tin

Odpirač za konzerve

pembuka tin

Prijemalka za posodo

pemegang periuk

Korito

sinki

Ščetka

berus

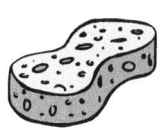

Goba

span

Mešalnik

pengisar

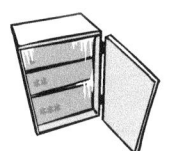

Zamrzovalna skrinja

penyejuk beku

Steklenička

botol bayi

Pipa

paip

Kopalnica
bilik air

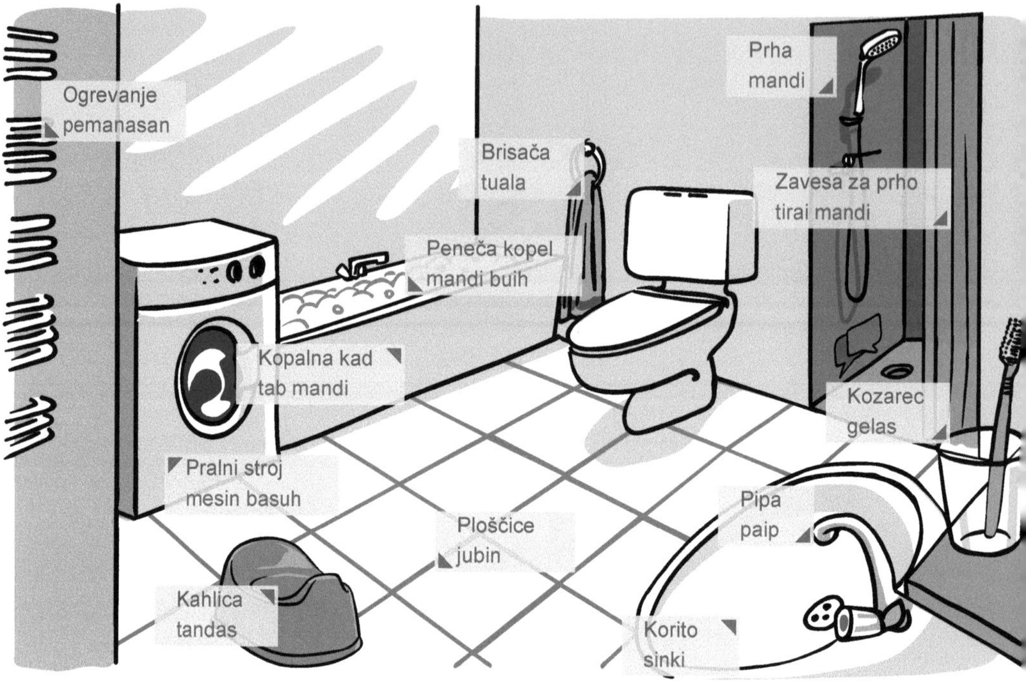

Ogrevanje
pemanasan
Prha
mandi
Brisača
tuala
Zavesa za prho
tirai mandi
Peneča kopel
mandi buih
Kopalna kad
tab mandi
Kozarec
gelas
Pralni stroj
mesin basuh
Pipa
paip
Ploščice
jubin
Kahlica
tandas
Korito
sinki

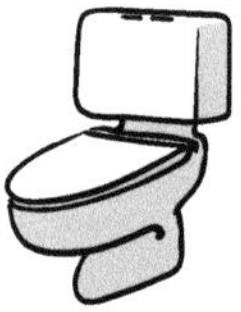

Stranišče
tandas

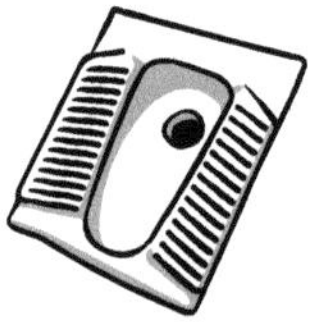

Stranišče na počep
tandas mencangkung

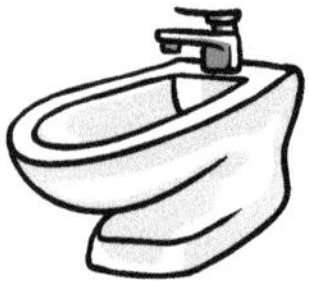

Bide
mangkuk tandas

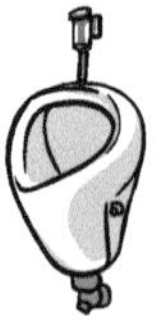

Pisoar
tandas awam

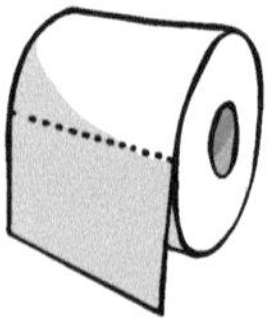

Toaletni papir
kertas tandas

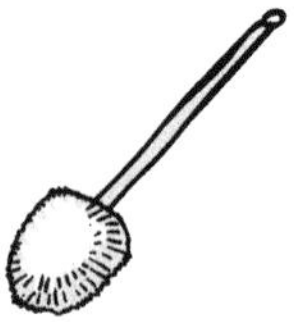

Ščetka za straniščno školjko
berus tandas

Zobna ščetka

berus gigi

Zobna pasta

ubat gigi

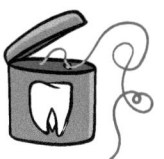

Zobna nitka

flos gigi

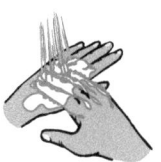

Umiti se

cuci

Ročna prha

mandian tangan

Prha za intimne dele

pancuran

Umivalnik

besen

Krtača za hrbet

belakang berus

Milo

sabun

Gel za prhanje

gel mandian

Šampon

syampu

Krpica za miljenje

flanel

Odtok

longkang

Krema

krim

Deodorant

deodoran

Ogledalo

cermin

Ročno ogledalo

cermin tangan

Britvica

pisau cukur

Pena za britje

busa cukur

Vodica po britju

selepas cukur

Glavnik

sikat

Ščetka

berus

Sušilnik za lase

pengering rambut

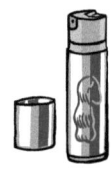

Lak za lase

semburan rambut

Ličila

mekap

Šminka

gincu

Lak za nohte

varnis kuku

Vatirane blazinice

bulu kapas

Škarjice za nohte

gunting kuku

Parfum

pewangi

Toaletna torbica

beg basuhan

Stol brez naslonjala

bangku

Osebna tehtnica

skala berat

Kopalni plašč

jubah mandi

Gumijaste rokavice

sarung tangan getah

Tampon

kapas

Damski vložki

tuala wanita

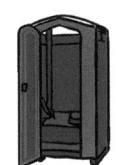

Kemično stranišče

tandas kimia

Otroška soba
bilik kanak-kanak

Budilka
jam loceng
Plišasta igrača
mainan kegemaran
Avtomobilček
kereta mainan
Ropotuljica
kerincing bayi
Hiška za punčke
rumah anak patung
Darilo
hadiah

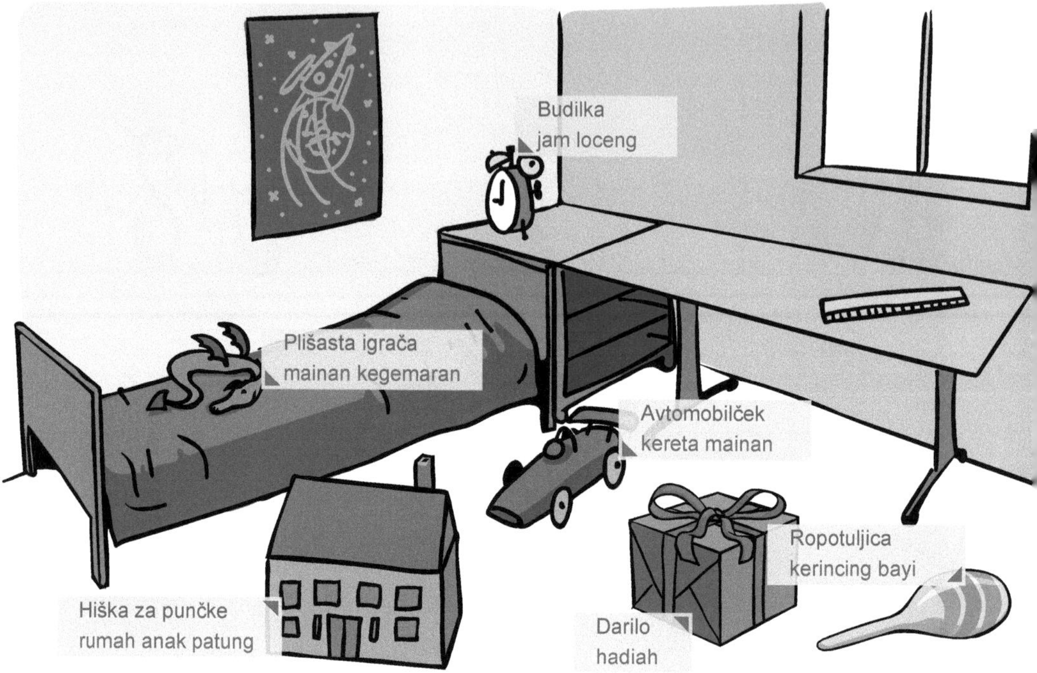

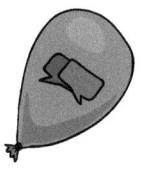

Balon

belon

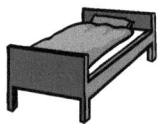

Postelja

katil

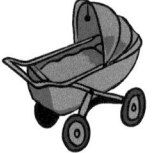

Otroški voziček

kereta sorong bayi

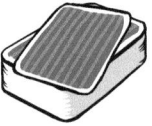

Igralne karte

set kad

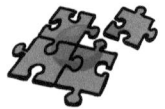

Sestavljanka

susun suai gambar

Strip

komik

Lego kocke

batu bata lego

Igralne kocke

blok mainan

Akcijska figura

figura aksi

Bodi

baju bayi

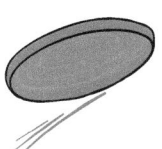

Frizbi

frisbee

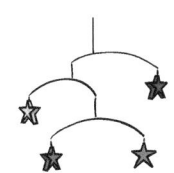

Vrtiljak za posteljico

mainan bayi mudah alih

Namizna igra

permainan papan

Kocka

dadu

Komplet modelov vlakov

set model kereta api

Duda

palsu

Zabava

parti

Slikanica

buku bergambar

Žoga

bola

Lutka

anak patung

Igrati se

main

Peskovnik

lubang pasir

Gugalnica

buai

Igrače

mainan

Igralna konzola

konsol permainan video

Tricikel

basikal roda tiga

Plišasti medvedek

anak patung beruang

Garderoba

almari pakaian

Oblačilo

pakaian

Nogavice

stoking

Samostoječe nogavice

stoking

Hlačne nogavice

ketat

Šal
skarf

Dežnik
payung

keselamatan

Majica s kratkimi rokavi
kemeja-t

Športni copati
kasut sukan

Škornji
but

Copati
selipar

Sandali
sandal

Čevlji
kasut

Gumijasti škornji
but getah

Spodnje hlače
seluar dalam

Modrček
coli

Telovnik
ves

Bodi

badan

Hlače

Seluar panjang

Kavbojke

jean

Krilo

skirt

Bluza

blaus

Srajca

kemeja

Pulover

baju panas sarung

Pletena jopica

sweater

Jopa

blazer

Jakna

jaket

Plašč

kot

Dežni plašč

baju hujan

Kostim

kostum

Obleka

pakaian

Poročna obleka

baju pengantin

Obleka

sut

Spalna srajca

baju tidur

Pižama

baju tidur

Sari

sari

Naglavna ruta

skarf kepala

Turban

serban

Burka

burqa

Kaftan

kaftan

Abaja

abaya/jubah

Kopalke

baju renang

Kopalne hlače

seluar renang

Kratke hlače

seluar pendek

Trenirka

sut balapan

Predpasnik

apron

Rokavice

sarung tangan

Gumb

butang

Očala

cermin mata

Zapestnica

gelang tangan

Verižica

rantai leher

Prstan

cincin

Uhan

subang

Kapa

topi

Obešalnik

penyangkut kot

Klobuk

topi

Kravata

tali leher

Zadrga

zip

Čelada

topi keledar

Naramnice

pendakap

Šolska uniforma

uniform sekolah

Uniforma

seragam

Slinček

lapik dada

Duda

palsu

Plenica

lampin

Pisarna
pejabat

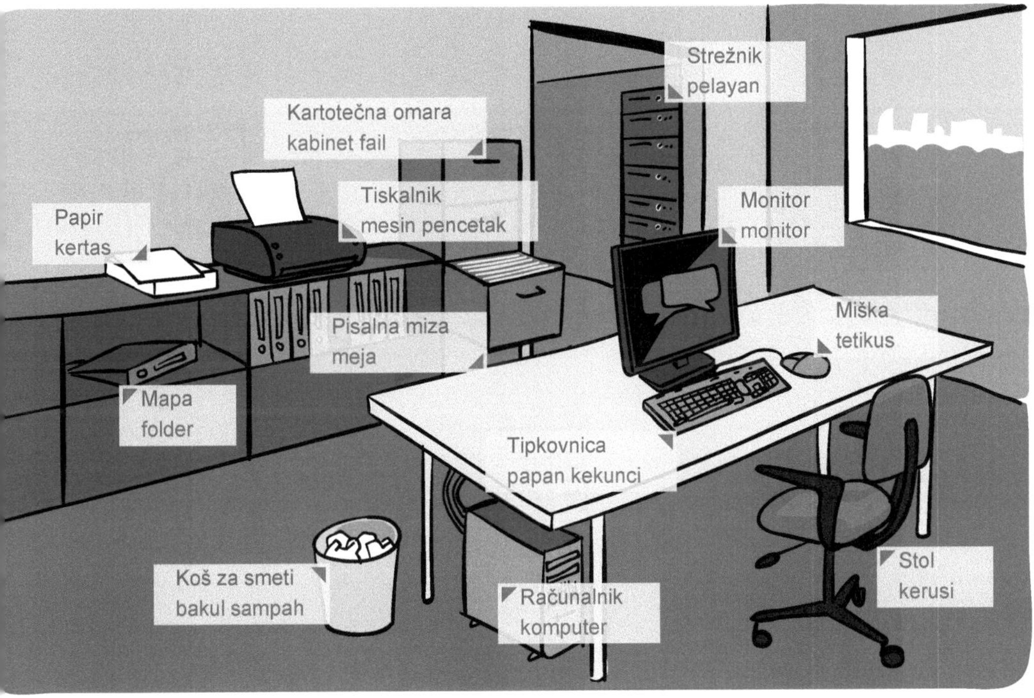

Strežnik
pelayan

Kartotečna omara
kabinet fail

Tiskalnik
mesin pencetak

Papir
kertas

Monitor
monitor

Pisalna miza
meja

Miška
tetikus

Mapa
folder

Tipkovnica
papan kekunci

Koš za smeti
bakul sampah

Stol
kerusi

Računalnik
komputer

Lonček za kavo

cawan kopi

Kalkulator

kalkulator

Internet

internet

Prenosnik

komputer riba

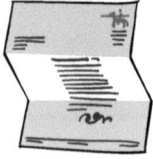

Pismo

surat

Sporočilo

mesej

Mobilnik

mudah alih

Omrežje

rangkaian

Kopirni stroj

mesin fotokopi

Programska oprema

perisian

Telefon

telefon

Vtičnica

soket plag

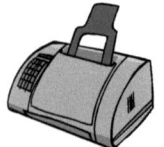

Telefaks

mesin faks

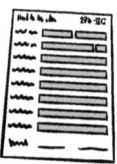

Obrazec

bentuk

Dokument

dokumen

Kupiti

beli

Plačati

bayar

Trgovati

berdagang

Denar

wang

Dolar

dolar

Evro

euro

Jen

yen

Rubelj

rubel

Švičarski frank

franc swiss

Kitajski juan renminbi

renminbi yuan

Rupija

rupee

Bankomat

mata tunai

Menjalnica

pejabat tukaran mata wang

Zlato

emas

Srebro

perak

Nafta

minyak

Energija

tenaga

Cena

harga

Pogodba

kontrak

Davek

cukai

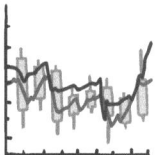

Delnice

stok

Delati

kerja

Delojemalec

pekerja

Delodajalec

majikan

Tovarna

kilang

Trgovina

kedai

Poklici
pekerjaan

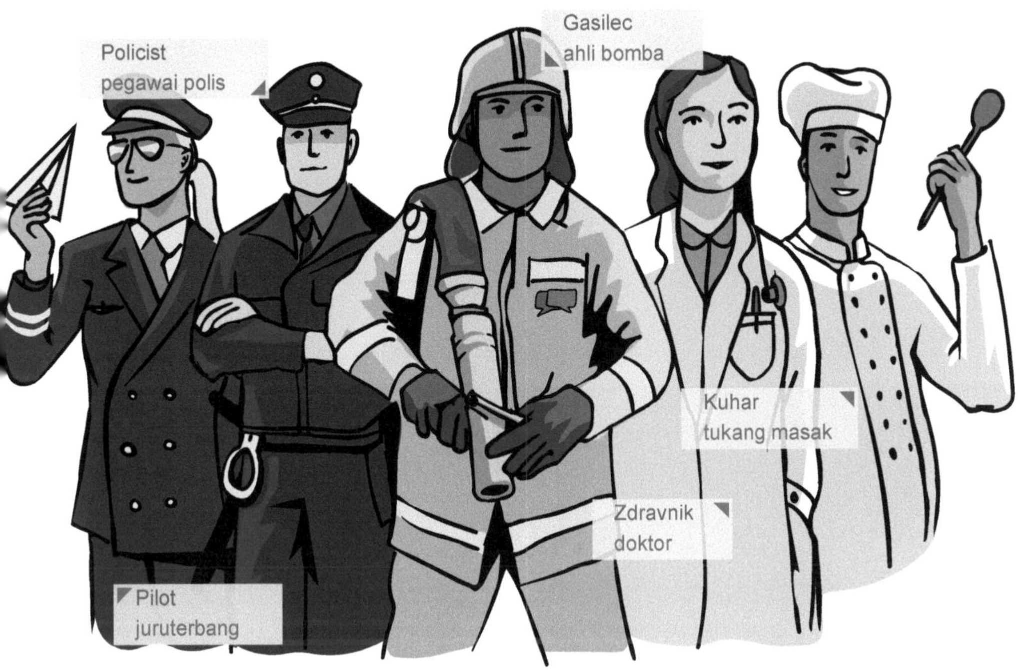
Policist
pegawai polis
Gasilec
ahli bomba
Kuhar
tukang masak
Zdravnik
doktor
Pilot
juruterbang

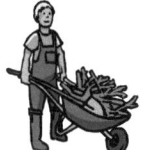

Vrtnar

tukang kebun

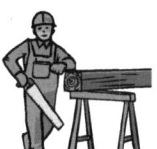

Mizar

tukang kayu

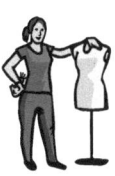

Šivilja

tukang jahit

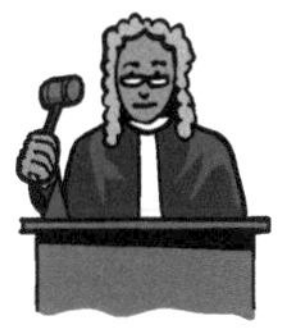

Sodnik

hakim

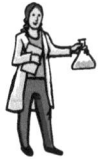

Kemik

ahli kimia

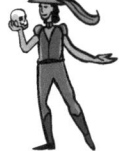

Igralec

pelakon

Voznik avtobusa

pemandu bas

Taksist

pemandu teksi

Ribič

nelayan

Čistilka

wanita pencuci

Krovec

kasau

Natakar

pelayan

Lovec

pemburu

Pleskar

pelukis

Pek

bakeri

Električar

juruelektrik

Gradbenik

pembangun

Inženir

jurutera

Mesar

penjual daging

Vodovodni inštalater

tukang paip

Poštar

posmen

Vojak

askar

Arhitekt

arkitek

Blagajnik

juruwang

Cvetličar

kedai bunga

Frizer

pendandan rambut

Sprevodnik

konduktor

Mehanik

mekanik

Kapitan

kapten

Zobozdravnik

doktor gigi

Znanstvenik

ahli sains

Rabin

tuhanku

Imam

imam

Menih

sami

Duhovnik

paderi

Orodje

alat

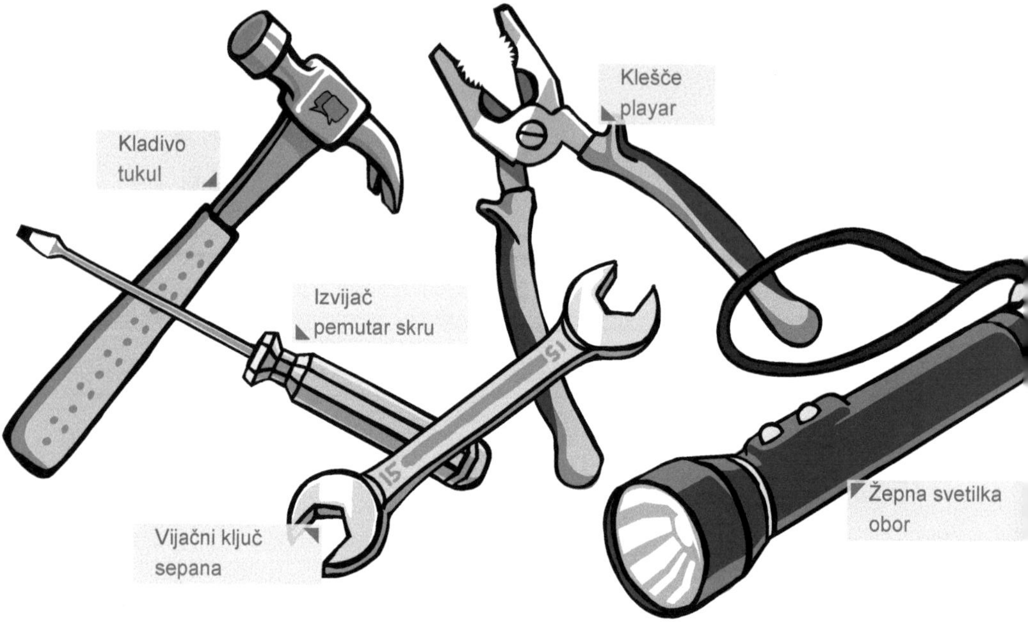

Kladivo
tukul
Klešče
playar
Izvijač
pemutar skru
Vijačni ključ
sepana
Žepna svetilka
obor

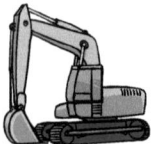

Bager

pengorek

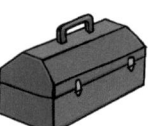

Zaboj z orodjem

kotak peralatan

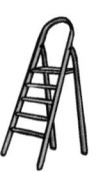

Lestev

tangga

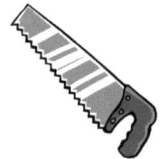

Žaga

gergaji

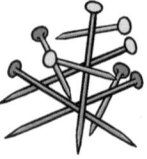

Žeblji

kuku

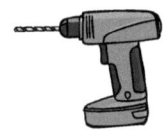

Vrtalnik

gerudi

Popraviti
baiki

Lopata
penyodok

Šment!
Celaka!

Smetišnica
penadah sampah

Posoda z barvo
periuk cat

Vijaki
skru

Glasbeni instrument
alat muzik

Zvočnik
pembesar suara

Tolkala
perangkat dram

Kitara
gitar

Kontrabas
bass berganda

Trobenta
trompet

Klavir

piano

Violina

biola

Bas kitara

bass

Pavke

timpani

Bobni

dram

Sintetizator

papan kekunci

Saksofon

saksofon

Flavta

seruling

Mikrofon

mikrofon

Živalski vrt

zoo

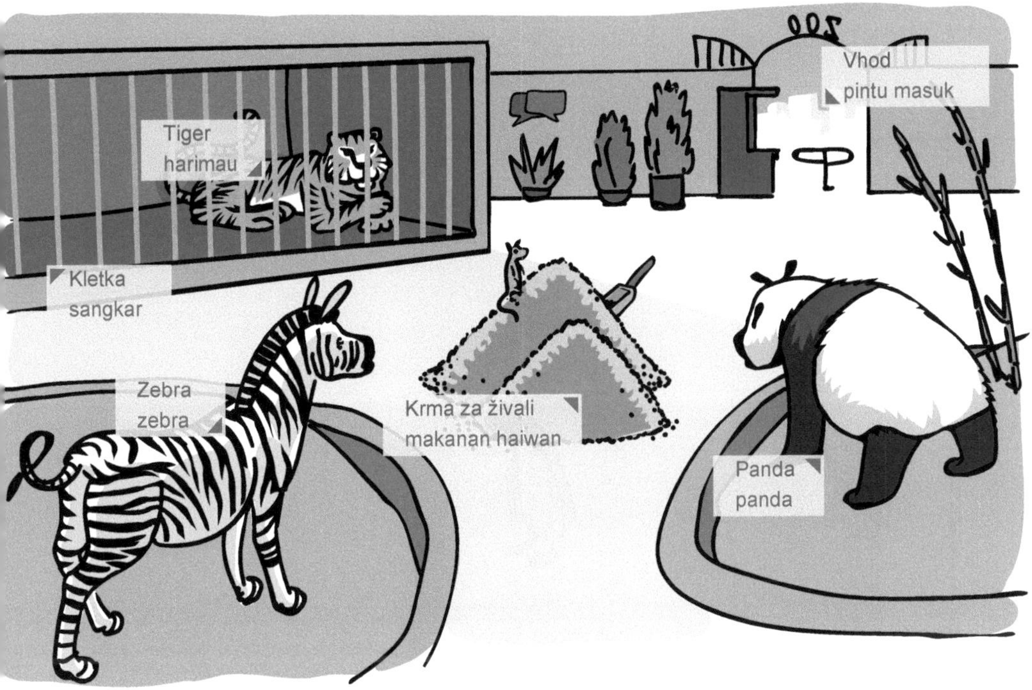

Vhod
pintu masuk
Tiger
harimau
Kletka
sangkar
Zebra
zebra
Krma za živali
makanan haiwan
Panda
panda

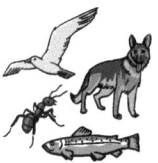

Živali

haiwan

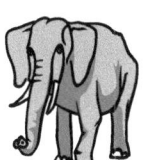

Slon

gajah

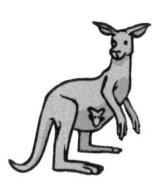

Kenguru

kanggaru

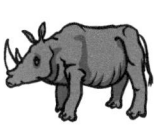

Nosorog

badak sumbu

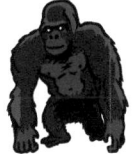

Gorila

gorila

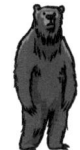

Medved

beruang

Kamela

unta

Noj

burung unta

Lev

singa

Opica

monyet

Plamenec

flamingo

Papagaj

nuri

Severni medved

beruang kutub

Pingvin

penguin

Morski pes

yu

Pav

merak

Kača

ular

Krokodil

buaya

Oskrbnik v živalskem vrtu

penjaga zoo

Tjulenj

anjing laut

Jaguar

jaguar

Poni

kuda

Leopard

harimau

Povodni konj

badak air

Žirafa

zirafah

Orel

helang

Divji prašič

babi jantan

Riba

ikan

Želva

penyu

Mrož

anjing laut

Lisica

musang

Gazela

rusa

Ameriški nogomet
bola sepak Amerika

Kolesarjenje
berbasikal

Tenis
tenis

Košarka
bola keranjang

Plavanje
renang

Boks
tinju

Hokej
hoki ais

Nogomet

bola sepak

Badminton

badminton

Atletika

olahraga

Rokomet

bola baling

Smučanje

ski

Polo

polo

Dejavnosti
aktiviti

Skočiti
lompat
Objeti
peluk
Smejati se
ketawa
Hoditi
berjalan
Peti
menyanyi
Sanjati
mimpi
Moliti
berdoa
Poljubiti
cium

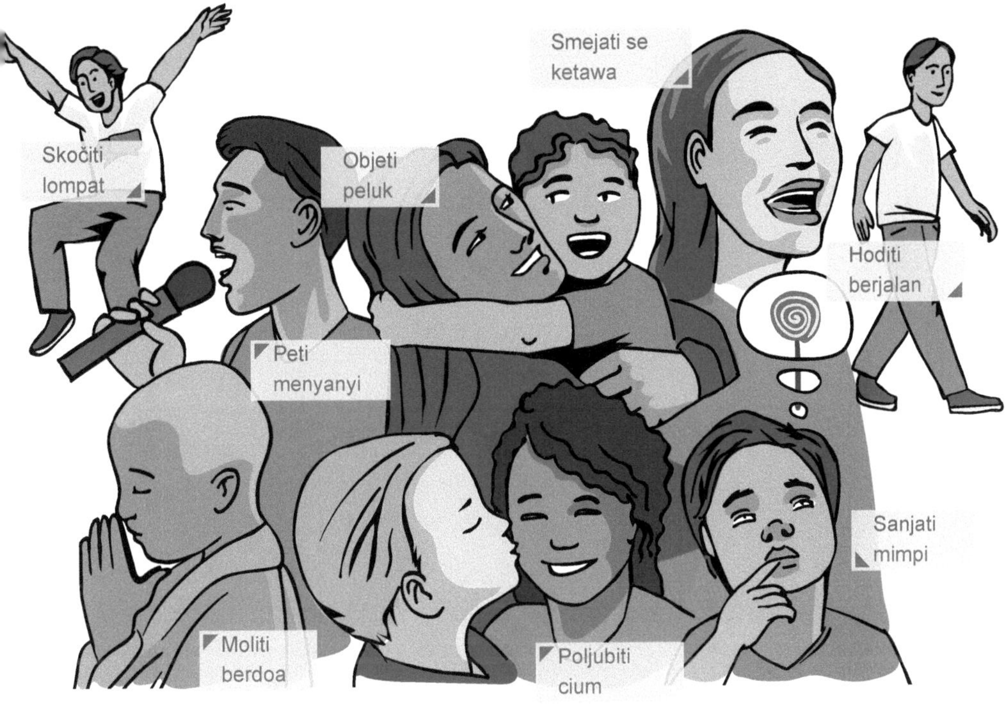

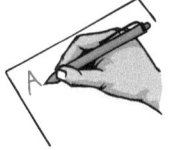

Pisati

tulis

Risati

lukis

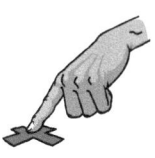

Pokazati

tunjuk

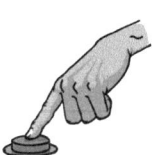

Potisniti

tolak

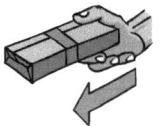

Dati

beri

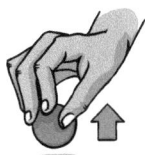

Vzeti

ambil

Imeti

ada

Narediti

buat

Biti

ialah

Stati

berdiri

Teči

lari

Vleči

tarik

Vreči

buang

Pasti

jatuh

Ležati

tipu

Čakati

tunggu

Nositi

bawa

Sedeti

duduk

Obleči se

pakai

Spati

tidur

Zbuditi se

bangkit

Gledati

lihat pada

Jokati

menangis

Božati

strok

Česati se

sikat

Govoriti

cakap

Razumeti

faham

Vprašati

tanya

Poslušati

dengar

Piti

minum

Jesti

makan

Pospraviti

mengemas

Ljubiti

sayang

Kuhati

masak

Voziti

pandu

Leteti

terbang

Jadrati

belayar

Računanje

kira

Brati

baca

Učiti se

belajar

Delati

kerja

Poročiti se

nikah

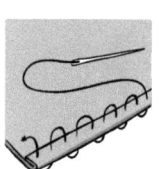

Šivati

jahit

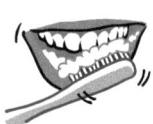

Ščetkati si zobe

memberus gigi

Ubiti

bunuh

Kaditi

asap

Poslati

hantar

Družina
keluarga

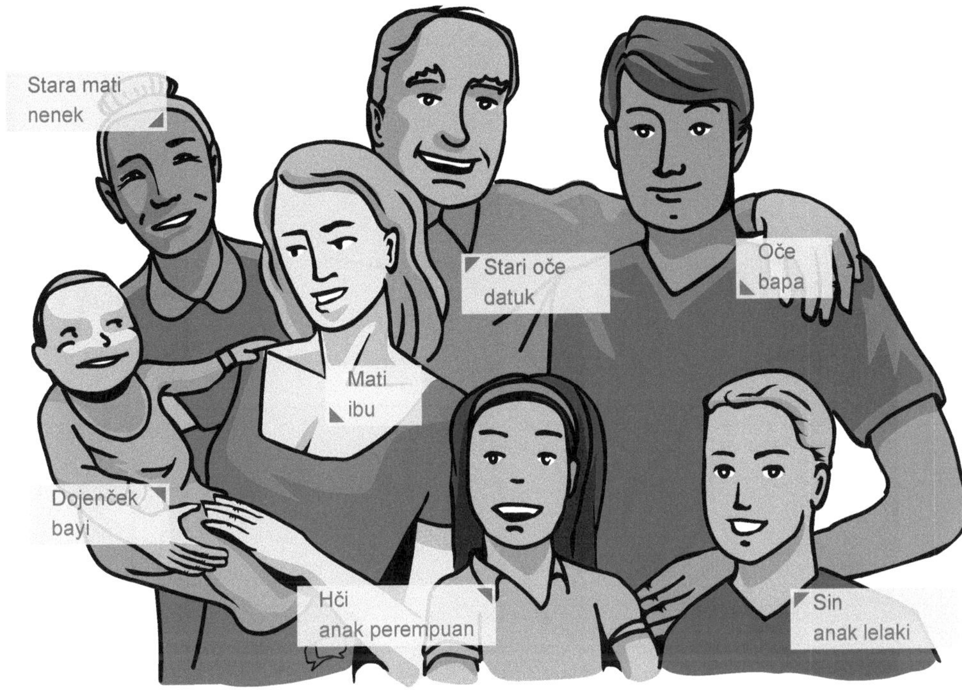

Stara mati
nenek
Stari oče
datuk
Oče
bapa
Mati
ibu
Dojenček
bayi
Hči
anak perempuan
Sin
anak lelaki

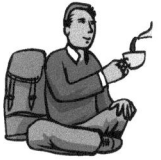

Gost
tetamu

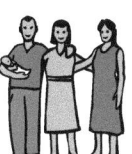

Teta
mak cik

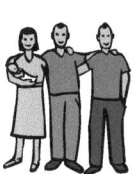

Stric
pak cik

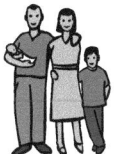

Brat
abang

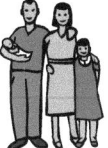

Sestra
kakak

Telo

badan

Čelo
dahi
Oko
mata
Rama
bahu
Prst
jari
Obraz
muka
Brada
dagu
Dlan
tangan
Noga
kaki
Prsi
dada
Roka
lengan

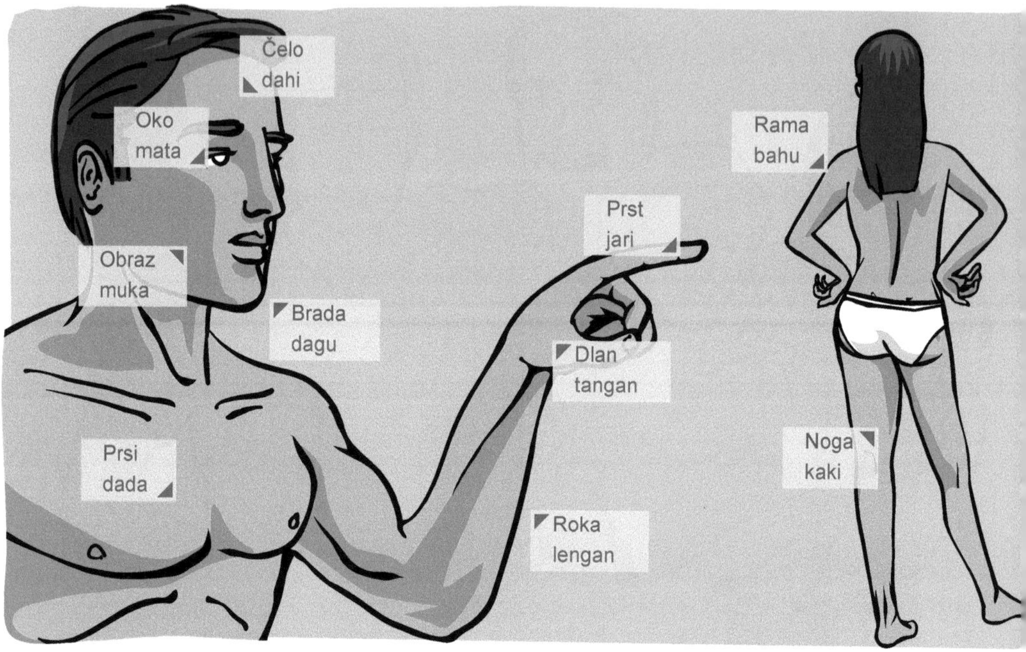

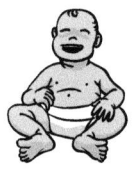

Dojenček

bayi

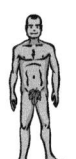

Človek

lelaki

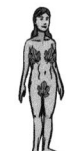

Ženska

wanita

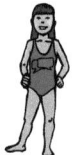

Dekle

perempuan

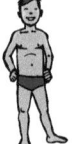

Fant

lelaki

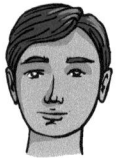

Glava

kepala

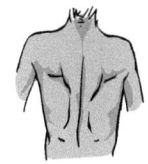

Hrbet

belakang

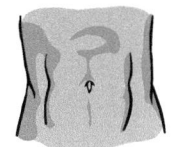

Trebuh

bawah perut

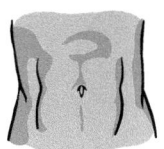

Popek

pusat

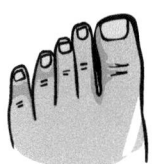

Prst na nogi

jari kaki

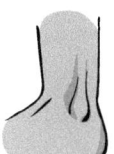

Peta

tumit

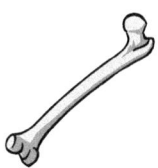

Kost

tulang

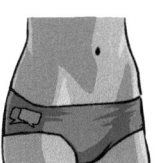

Kolk

pinggul

Koleno

lutut

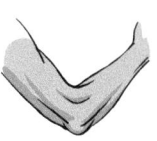

Komolec

siku

Nos

hidung

Zadnjica

bawah

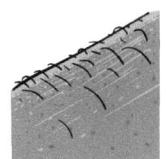

Koža

kulit

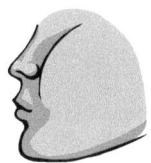

Lice

pipi

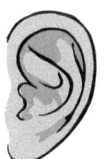

Uho

telinga

Ustnica

bibir

Usta

mulut

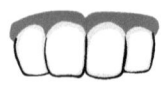

Zob

gigi

Jezik

lidah

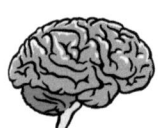

Možgani

otak

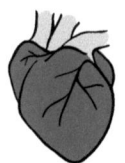

Srce

hati

Mišica

otot

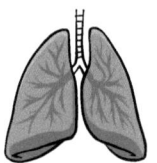

Pljuča

paru-paru

Jetra

hati

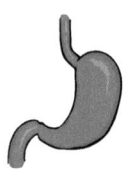

Želodec

perut

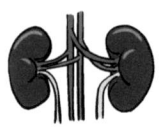

Ledvice

buah pinggang

Spolni odnos

seks

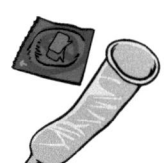

Kondom

kondom

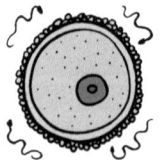

Jajčece

faraj

Semenska tekočina

mani

Nosečnost

mengandung

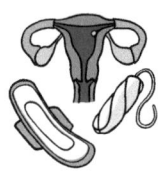

Menstruacija

haid

Vagina

faraj

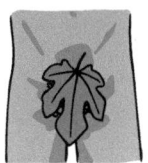

Penis

penis

Obrv

kening

Lasje

rambut

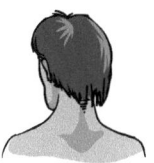

Vrat

leher

Bolnišnica
hospital

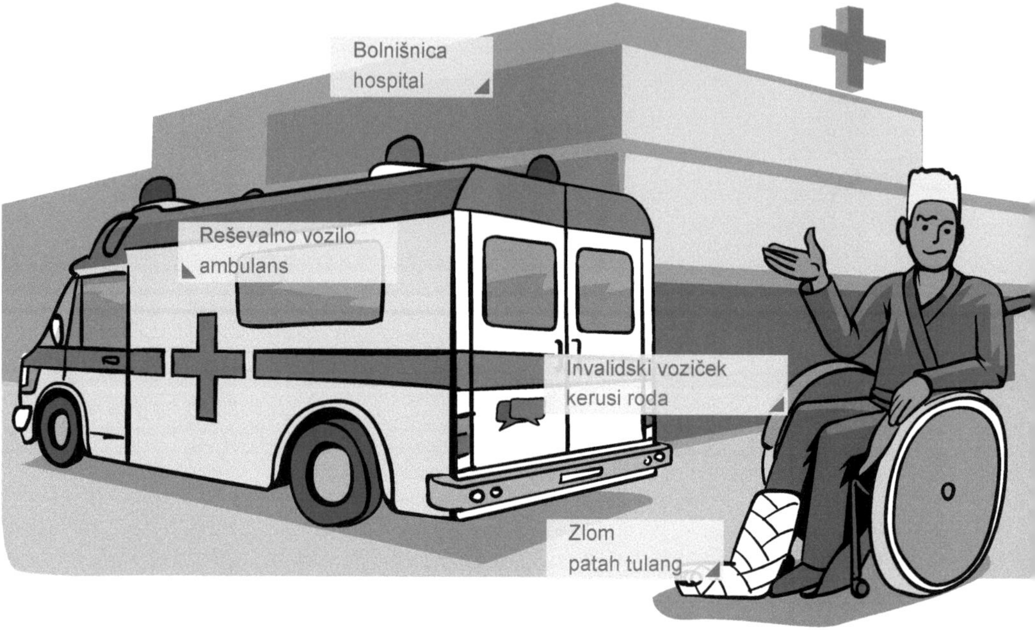

Bolnišnica
hospital
Reševalno vozilo
ambulans
Invalidski voziček
kerusi roda
Zlom
patah tulang

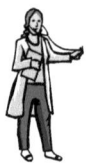

Zdravnik

doktor

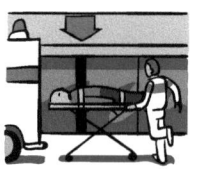

Urgenca

bilik kecemasan

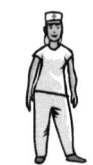

Medicinska sestra

jururawat

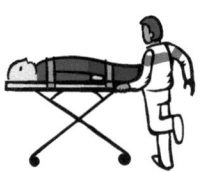

Nujni primer

kecemasan

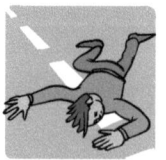

Nezavesten

tak sedar

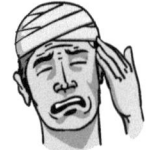

Bolečina

sakit

Poškodba

kecederaan

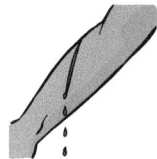

Krvavenje

pendarahan

Srčni infarkt

serangan jantung

Kap

strok

Alergija

alergi

Kašelj

batuk

Vročina

demam

Gripa

selesema

Driska

cirit-birit

Glavobol

sakit kepala

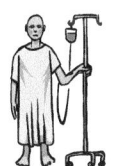

Rak

kanser

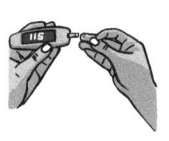

Sladkorna bolezen

diabetes

Kirurg

pakar bedah

Skalpel

pisau bedah

Operacija

pembedahan

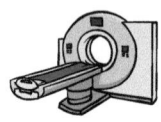

CT

CT

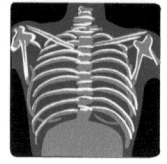

Rentgen

x-ray

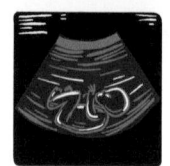

Ultrazvok

ultrabunyi

Obrazna maska

topeng muka

Bolezen

penyakit

Čakalnica

bilik menunggu

Bergla

penongkat

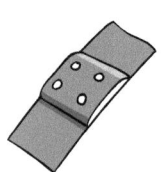

Obliž

plaster

Preveza

pembalut

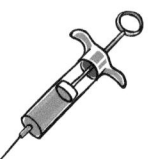

Injekcija

suntikan

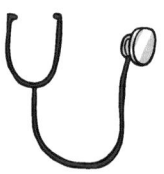

Stetoskop

stetoskop

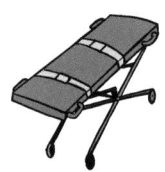

Nosila

pengusung

Klinični termometer

termometer klinik

Porod

kelahiran

Prekomerna teža

berat badan berlebihan

Slušni pripomoček

alat pendengaran

Razkužilo

disinfektan

Okužba

jangkitan

Virus

virus

HIV / AIDS

HIV / AIDS

Medicina

perubatan

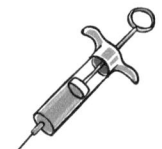

Cepljenje

vaksinasi

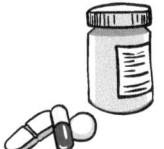

Tablete

tablet

Tableta

pil

Klic v sili

panggilan kecemasan

Merilnik krvnega tlaka

pantau tekanan darah

bolano / zdravo

sakit / sihat

Na pomoč!

Tolong!

Alarm

penggera

Napad

serang

Napad

serangan

Nevarnost

bahaya

Izhod v sili

pintu kecemasan

Gori!

Api!

Gasilni aparat

alat pemadam api

Nezgoda

kemalangan

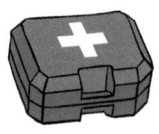

Komplet za prvo pomoč

alat pertolongan cemas

SOS

SOS

Policija

polis

Evropa

Eropah

Severna Amerika

Amerika Utara

Južna Amerika

Amerika Selatan

Afrika

Afrika

Azija

Asia

Avstralija

Australia

Atlantski ocean

Atlantic

Tihi ocean

Pasifik

Indijski ocean

Lautan Hindi

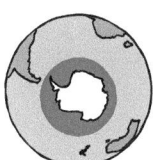

Južni ocean

Lautan Antartik

Arktični ocean

Lautan Artik

Severni tečaj

Kutub utara

Južni tečaj
Kutub Selatan

Antarktika
Antartika

Zemlja
bumi

Kopno
tanah

Morje
laut

Otok
pulau

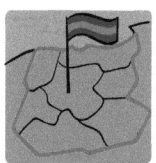

Narod
negara

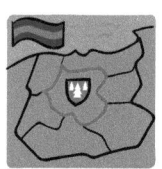

Država
negeri

Številčnica

muka jam

Urni kazalec

tangan jam

Minutni kazalec

tangan minit

Sekundni kazalec

terpakai

Koliko je ura?

Jam berapa sekarang

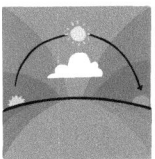

Dan

hari

Čas

masa

Zdaj

sekarang

Digitalna ura

jam digital

Minuta

minit

Ura

jam

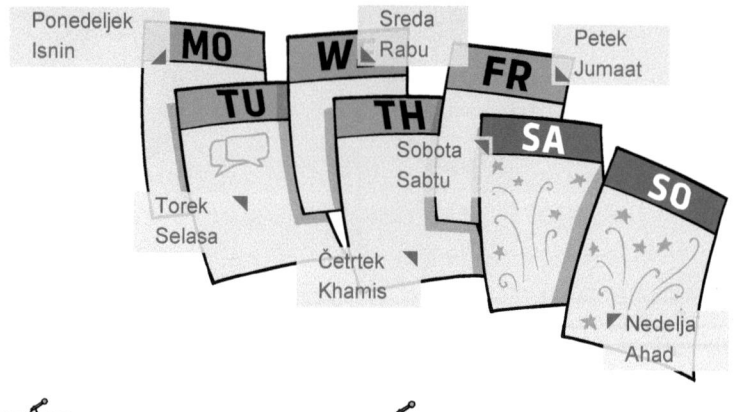

Ponedeljek / Isnin — MO
Sreda / Rabu — W
Petek / Jumaat — FR
TU — Torek / Selasa
TH — Sobota / Sabtu
SA
SO — Nedelja / Ahad
Četrtek / Khamis

Včeraj
....
semalam

Danes
....
hari ini

Jutri
....
esok

Jutro
....
pagi

Poldne
....
tengah hari

Večer
....
petang

MO	TU	WE	TH	FR	SA	SU
1	2	3	4	5	6	7
8	9	10	11	12	13	14
15	16	17	18	19	20	21
22	23	24	25	26	27	28
29	30	31	1	2	3	4

Delovni dnevi
....
hari kerja

MO	TU	WE	TH	FR	SA	SU
1	2	3	4	5	6	7
8	9	10	11	12	13	14
15	16	17	18	19	20	21
22	23	24	25	26	27	28
29	30	31	1	2	3	4

Konec tedna
....
hari minggu

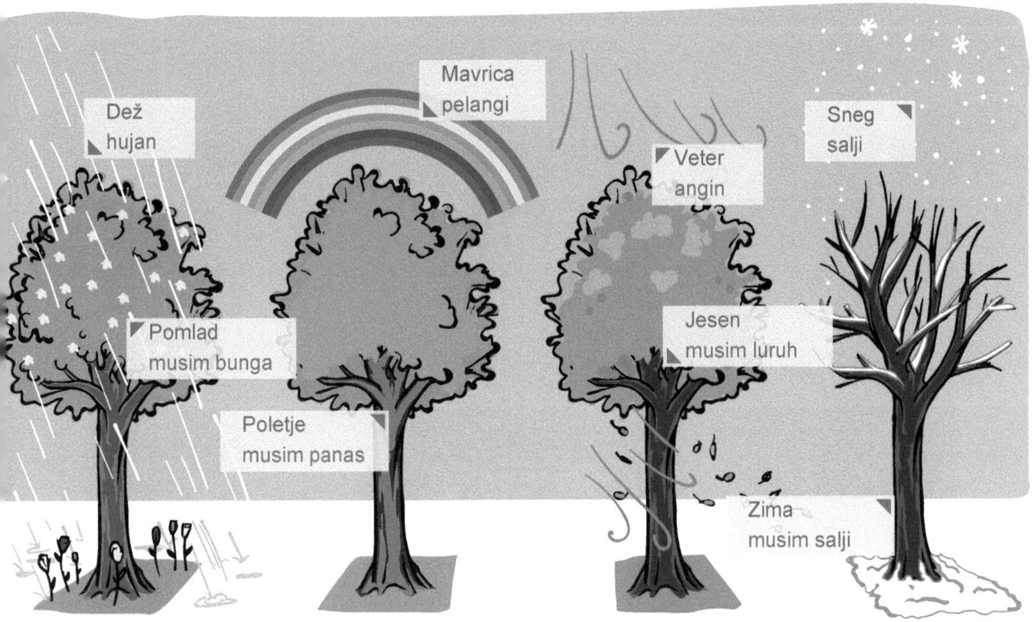

Dež
hujan
Mavrica
pelangi
Veter
angin
Sneg
salji
Pomlad
musim bunga
Poletje
musim panas
Jesen
musim luruh
Zima
musim salji

4.APRIL 11°
5.APRIL 4°
6.APRIL 13°
7.APRIL 8°
8.APRIL 10°

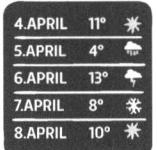

Vremenska napoved

ramalan cuaca

F C
120 40
90 30
60 20
30 10
0 0
-30 -10
-20

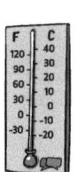

Termometer

termometer

Sončna svetloba

sinar matahari

Oblak

awan

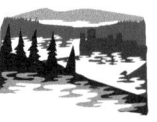

Megla

kabus

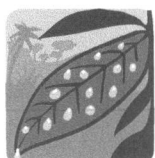

Vlažnost

lembapan

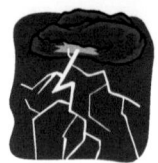

Strela

kilat

Grom

petir

Nevihta

ribut

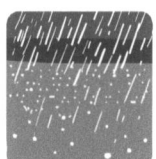

Toča

hujan batu

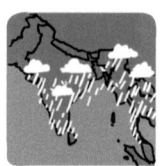

Monsun

monsun

Poplava

banjir

Led

ais

Januar

Januari

Februar

Februari

Marec

Mac

April

April

Maj

Mei

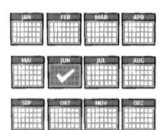

Junij

Jun

Julij

Julai

Avgust

Ogos

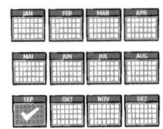

September
....
September

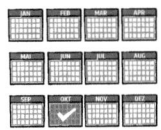

Oktober
....
Oktober

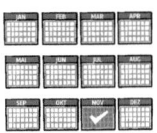

November
....
November

December
....
Disember

Krogla
....
bulatan

Kvadrat
....
petak

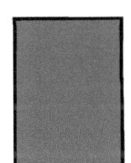

Pravokotnik
....
segi empat tepat

Trikotnik
....
segitiga

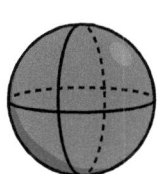

Krogla
....
sfera

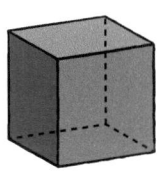

Kocka
....
kiub

Bela

putih

Rumena

kuning

Oranžna

oren

Rožnata

merah jambu

Rdeča

merah

Vijolična

ungu

Modra

biru

Zelena

hijau

Rjava

coklat

Siva

kelabu

Črna

hitam

veliko / malo
....
banyak / sedikit

jezno / umirjeno
....
marah / tenang

lepo / grdo
....
cantik / hodoh

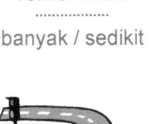

začetek / konec
....
bermula / tamat

veliko / majhno
....
besar kecil

svetlo / temno
....
terang / gelap

brat / sestra
....
abang / kakak

čisto / umazano
....
bersih / kotor

popolno / nepopolno
....
lengkap / tidak lengkap

dan / noč
....
hari / malam

mrtvo / živo
....
mati / hidup

široko / ozko
....
luas / sempit

užitno / neužitno

boleh dimakan / tidak boleh dimakan

zlobno / prijazno

jahat / baik

vznemirjeno / zdolgočaseno

teruja / bosan

debelo / vitko

gemuk / kurus

prvo / zadnje

pertama / terakhir

prijatelj / sovražnik

kawan / musuh

polno / prazno

penuh / kosong

trdo / mehko

keras / lembut

težko / lahko

berat / ringan

lakota / žeja

lapar / dahaga

bolano / zdravo

sakit / sihat

nezakonito / zakonito

menyalahi undang-undang / undang-undang

pametno / neumno

pintar / bodoh

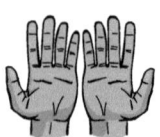

levo / desno

kiri / kanan

blizu / daleč

dekat / jauh

Nasprotja - berlawanan

novo / rabljeno

baru / lama

nič / nekaj

tiada / sesuatu

staro / mlado

tua / muda

vklopljeno / izklopljeno

hidup / mati

odprto / zaprto

terbuka / tertutup

tiho / glasno

diam / bising

bogato / revno

kaya / miskin

prav / narobe

betul / salah

grobo / gladko

kasar / halus

žalostno / veselo

sedih / gembira

kratko / dolgo

pendek / panjang

počasi / hitro

lambat / laju

mokro / suho

basah / kering

toplo / hladno

panas / sejuk

vojna / mir

berperang / berdamai

0	**1**	**2**
Ničla	Ena	Dva
sifar	satu	dua

3	**4**	**5**
Tri	Štiri	Pet
tiga	empat	lima

6	**7**	**8**
Šest	Sedem	Osem
enam	tujuh	lapan

9	**10**	**11**
Devet	Deset	Enajst
sembilan	sepuluh	sebelas

12

Dvanajst

dua belas

13

Trinajst

tiga belas

14

Štirinajst

empat belas

15

Petnajst

lima belas

16

Šestnajst

enam belas

17

Sedemnajst

tujuh belas

18

Osemnajst

lapan belas

19

Devetnajst

Sembilan belas

20

Dvajset

dua puluh

100

Sto

ratus

1.000

Tisoč

ribu

1.000.000

Milijon

juta

Angleščina

Bahasa Inggeris

Ameriška angleščina

Bahasa Inggeris Amerika

Mandarinščina

Bahasa Cina Mandarin

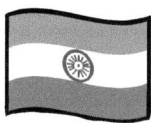

Hindujščina

Bahasa Hindi

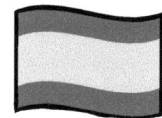

Španščina

Bahasa Sepanyol

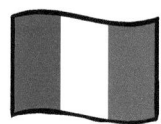

Francoščina

Bahasa Perancis

Arabščina

Bahasa Arab

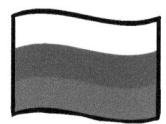

Ruščina

Bahasa Rusia

Portugalščina

Bahasa Portugis

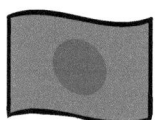

Bengalščina

Bahasa Benggali

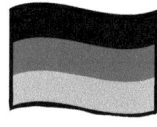

Nemščina

Bahasa Jerman

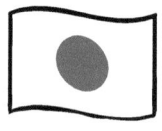

Japonščina

Bahasa Jepun

Jaz

saya

Ti

anda

On / ona / tisto

dia / dia / ia

Mi

kita

Vi

anda

Oni

mereka

Kdo?

siapa?

Kaj?

apa?

Kako?

bagaimana?

Kje?

di mana?

Kdaj?

bila?

Ime

nama

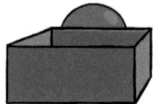

Zadaj

belakang

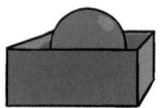

V

dalam

Pred

di hadapan

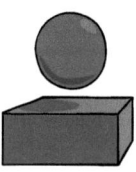

Nad

lebih

Na

pada

Pod

di bawah

Poleg

bersebelahan

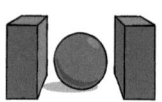

Med

antara

Kraj

tempat